Baby Logbook

THIS BOOK BELONGS TO

Baby's Mood   😁 ☹️ 😌 😐 😠   DATE

FOOD

AM

Time	Food	Amount

PM

Time	Food	Amount

SLEEP

AM

Start	End	Duration

PM

Start	End	Duration

DIAPER

Pee	Poop	Time
◯	◯	
◯	◯	
◯	◯	

Pee	Poop	Time
◯	◯	
◯	◯	
◯	◯	

Activity Notes

Baby's Mood 😁 ☹️ 😌 😐 😠

DATE

FOOD

AM

Time	Food	Amount
____	____	____
____	____	____
____	____	____
____	____	____
____	____	____

PM

Time	Food	Amount
____	____	____
____	____	____
____	____	____
____	____	____
____	____	____

SLEEP

AM

Start	End	Duration
____	____	____
____	____	____
____	____	____
____	____	____
____	____	____
____	____	____

PM

Start	End	Duration
____	____	____
____	____	____
____	____	____
____	____	____
____	____	____
____	____	____

DIAPER

Pee	Poop	Time
○	○	____
○	○	____
○	○	____

Pee	Poop	Time
○	○	____
○	○	____
○	○	____

Activity Notes

Baby's Mood   😁 ☹ 😌 😐 😠   DATE

FOOD

AM

Time	Food	Amount
____	____	____
____	____	____
____	____	____
____	____	____
____	____	____
____	____	____

PM

Time	Food	Amount
____	____	____
____	____	____
____	____	____
____	____	____
____	____	____
____	____	____

SLEEP

AM

Start	End	Duration
____	____	____
____	____	____
____	____	____
____	____	____
____	____	____

PM

Start	End	Duration
____	____	____
____	____	____
____	____	____
____	____	____
____	____	____

DIAPER

Pee	Poop	Time		Pee	Poop	Time
○	○	____		○	○	____
○	○	____		○	○	____
○	○	____		○	○	____

Activity Notes

Baby's Mood 😁 ☹️ 😌 😐 😠   DATE

FOOD

AM
Time	Food	Amount
____	____	_____
____	____	_____
____	____	_____
____	____	_____
____	____	_____

PM
Time	Food	Amount
____	____	_____
____	____	_____
____	____	_____
____	____	_____
____	____	_____

SLEEP

AM
Start	End	Duration
_____	___	_____
_____	___	_____
_____	___	_____
_____	___	_____
_____	___	_____

PM
Start	End	Duration
_____	___	_____
_____	___	_____
_____	___	_____
_____	___	_____
_____	___	_____

DIAPER

Pee	Poop	Time
○	○	_____
○	○	_____
○	○	_____

Pee	Poop	Time
○	○	_____
○	○	_____
○	○	_____

Activity Notes

Baby's Mood 😁 ☹️ 😌 😐 😠

DATE

FOOD

AM

Time	Food	Amount
____	____	____
____	____	____
____	____	____
____	____	____
____	____	____
____	____	____

PM

Time	Food	Amount
____	____	____
____	____	____
____	____	____
____	____	____
____	____	____
____	____	____

SLEEP

AM

Start	End	Duration
____	____	____
____	____	____
____	____	____
____	____	____
____	____	____
____	____	____

PM

Start	End	Duration
____	____	____
____	____	____
____	____	____
____	____	____
____	____	____
____	____	____

DIAPER

Pee	Poop	Time		Pee	Poop	Time
○	○	____		○	○	____
○	○	____		○	○	____
○	○	____		○	○	____

Activity Notes

Baby's Mood 😁 ☹️ 😌 😐 😠   DATE

FOOD

AM

Time	Food	Amount
___	___	___
___	___	___
___	___	___
___	___	___
___	___	___

PM

Time	Food	Amount
___	___	___
___	___	___
___	___	___
___	___	___
___	___	___

SLEEP

AM

Start	End	Duration
___	___	___
___	___	___
___	___	___
___	___	___
___	___	___

PM

Start	End	Duration
___	___	___
___	___	___
___	___	___
___	___	___
___	___	___

DIAPER

Pee	Poop	Time
○	○	___
○	○	___
○	○	___

Pee	Poop	Time
○	○	___
○	○	___
○	○	___

Activity Notes

Baby's Mood   DATE

FOOD

AM
Time	Food	Amount

PM
Time	Food	Amount

SLEEP

AM
Start	End	Duration

PM
Start	End	Duration

DIAPER

Pee	Poop	Time		Pee	Poop	Time
○	○			○	○	
○	○			○	○	
○	○			○	○	

Activity Notes

Baby's Mood 😁 ☹️ 😌 😐 😠   DATE

FOOD

AM

Time	Food	Amount
____	____	_____
____	____	_____
____	____	_____
____	____	_____
____	____	_____

PM

Time	Food	Amount
____	____	_____
____	____	_____
____	____	_____
____	____	_____
____	____	_____

SLEEP

AM

Start	End	Duration
____	____	_____
____	____	_____
____	____	_____
____	____	_____
____	____	_____

PM

Start	End	Duration
____	____	_____
____	____	_____
____	____	_____
____	____	_____
____	____	_____

DIAPER

Pee	Poop	Time		Pee	Poop	Time
○	○	____		○	○	____
○	○	____		○	○	____
○	○	____		○	○	____

Activity Notes

Baby's Mood 😁 ☹️ 😌 😐 😠

DATE

FOOD

AM
Time	Food	Amount
___	___	___
___	___	___
___	___	___
___	___	___
___	___	___
___	___	___

PM
Time	Food	Amount
___	___	___
___	___	___
___	___	___
___	___	___
___	___	___
___	___	___

SLEEP

AM
Start	End	Duration
___	___	___
___	___	___
___	___	___
___	___	___
___	___	___

PM
Start	End	Duration
___	___	___
___	___	___
___	___	___
___	___	___
___	___	___

DIAPER

Pee	Poop	Time		Pee	Poop	Time
○	○	___		○	○	___
○	○	___		○	○	___
○	○	___		○	○	___

Activity Notes

Baby's Mood   😁 ☹️ 😌 😐 😠   DATE

FOOD

AM

Time	Food	Amount

PM

Time	Food	Amount

SLEEP

AM

Start	End	Duration

PM

Start	End	Duration

DIAPER

Pee	Poop	Time
○	○	
○	○	
○	○	

Pee	Poop	Time
○	○	
○	○	
○	○	

Activity Notes

Baby's Mood 😁 ☹ 😌 😐 😠   DATE

FOOD

AM

Time	Food	Amount

PM

Time	Food	Amount

SLEEP

AM

Start	End	Duration

PM

Start	End	Duration

DIAPER

Pee	Poop	Time		Pee	Poop	Time
○	○			○	○	
○	○			○	○	
○	○			○	○	

Activity Notes

Baby's Mood 😁 ☹️ 😌 😐 😠   DATE

FOOD

AM

Time	Food	Amount
___	___	___
___	___	___
___	___	___
___	___	___
___	___	___
___	___	___

PM

Time	Food	Amount
___	___	___
___	___	___
___	___	___
___	___	___
___	___	___
___	___	___

SLEEP

AM

Start	End	Duration
___	___	___
___	___	___
___	___	___
___	___	___

PM

Start	End	Duration
___	___	___
___	___	___
___	___	___
___	___	___

DIAPER

Pee	Poop	Time
○	○	___
○	○	___
○	○	___

Pee	Poop	Time
○	○	___
○	○	___
○	○	___

Activity Notes

Baby's Mood 😁 ☹️ 😌 😐 😠

DATE

FOOD

AM

Time	Food	Amount
___	___	___
___	___	___
___	___	___
___	___	___
___	___	___
___	___	___

PM

Time	Food	Amount
___	___	___
___	___	___
___	___	___
___	___	___
___	___	___
___	___	___

SLEEP

AM

Start	End	Duration
___	___	___
___	___	___
___	___	___
___	___	___
___	___	___

PM

Start	End	Duration
___	___	___
___	___	___
___	___	___
___	___	___
___	___	___

DIAPER

Pee	Poop	Time
○	○	___
○	○	___
○	○	___

Pee	Poop	Time
○	○	___
○	○	___
○	○	___

Activity Notes

Baby's Mood 😁 ☹️ 😌 😐 😠   DATE

FOOD

AM

Time	Food	Amount
____	____	_____
____	____	_____
____	____	_____
____	____	_____
____	____	_____

PM

Time	Food	Amount
____	____	_____
____	____	_____
____	____	_____
____	____	_____
____	____	_____

SLEEP

AM

Start	End	Duration
_____	___	_____
_____	___	_____
_____	___	_____
_____	___	_____
_____	___	_____

PM

Start	End	Duration
_____	___	_____
_____	___	_____
_____	___	_____
_____	___	_____
_____	___	_____

DIAPER

Pee	Poop	Time		Pee	Poop	Time
○	○	____		○	○	____
○	○	____		○	○	____
○	○	____		○	○	____

Activity Notes

Baby's Mood 😁 ☹️ 😌 😐 😠

DATE

FOOD

AM

Time	Food	Amount
____	____	_____
____	____	_____
____	____	_____
____	____	_____
____	____	_____
____	____	_____

PM

Time	Food	Amount
____	____	_____
____	____	_____
____	____	_____
____	____	_____
____	____	_____
____	____	_____

SLEEP

AM

Start	End	Duration
____	____	_____
____	____	_____
____	____	_____
____	____	_____
____	____	_____
____	____	_____

PM

Start	End	Duration
____	____	_____
____	____	_____
____	____	_____
____	____	_____
____	____	_____
____	____	_____

DIAPER

Pee	Poop	Time
○	○	_____
○	○	_____
○	○	_____

Pee	Poop	Time
○	○	_____
○	○	_____
○	○	_____

Activity Notes

Baby's Mood   😁 ☹️ 😌 😐 😠   DATE

FOOD

AM

Time	Food	Amount
____	____	_____
____	____	_____
____	____	_____
____	____	_____
____	____	_____

PM

Time	Food	Amount
____	____	_____
____	____	_____
____	____	_____
____	____	_____
____	____	_____

SLEEP

AM

Start	End	Duration
_____	___	_____
_____	___	_____
_____	___	_____
_____	___	_____
_____	___	_____

PM

Start	End	Duration
_____	___	_____
_____	___	_____
_____	___	_____
_____	___	_____
_____	___	_____

DIAPER

Pee	Poop	Time		Pee	Poop	Time
○	○	____		○	○	____
○	○	____		○	○	____
○	○	____		○	○	____

Activity Notes

Baby's Mood 😁 ☹️ 😌 😐 😠   DATE

FOOD

AM

Time	Food	Amount
____	____	____
____	____	____
____	____	____
____	____	____
____	____	____

PM

Time	Food	Amount
____	____	____
____	____	____
____	____	____
____	____	____
____	____	____

SLEEP

AM

Start	End	Duration
____	____	____
____	____	____
____	____	____
____	____	____
____	____	____

PM

Start	End	Duration
____	____	____
____	____	____
____	____	____
____	____	____
____	____	____

DIAPER

Pee	Poop	Time
○	○	____
○	○	____
○	○	____

Pee	Poop	Time
○	○	____
○	○	____
○	○	____

Activity Notes

Baby's Mood 😁 ☹️ 😌 😐 😠   DATE

FOOD

AM

Time	Food	Amount
___	___	___
___	___	___
___	___	___
___	___	___
___	___	___
___	___	___

PM

Time	Food	Amount
___	___	___
___	___	___
___	___	___
___	___	___
___	___	___
___	___	___

SLEEP

AM

Start	End	Duration
___	___	___
___	___	___
___	___	___
___	___	___
___	___	___
___	___	___

PM

Start	End	Duration
___	___	___
___	___	___
___	___	___
___	___	___
___	___	___
___	___	___

DIAPER

Pee	Poop	Time		Pee	Poop	Time
○	○	___		○	○	___
○	○	___		○	○	___
○	○	___		○	○	___

Activity Notes

Baby's Mood 😁 ☹️ 😌 😐 😠 DATE

FOOD

AM

Time	Food	Amount
___	___	___
___	___	___
___	___	___
___	___	___
___	___	___

PM

Time	Food	Amount
___	___	___
___	___	___
___	___	___
___	___	___
___	___	___

SLEEP

AM

Start	End	Duration
___	___	___
___	___	___
___	___	___
___	___	___
___	___	___

PM

Start	End	Duration
___	___	___
___	___	___
___	___	___
___	___	___
___	___	___

DIAPER

Pee	Poop	Time
○	○	___
○	○	___
○	○	___

Pee	Poop	Time
○	○	___
○	○	___
○	○	___

Activity Notes

Baby's Mood 😁 ☹️ 😌 😐 😠

DATE

FOOD

AM

Time	Food	Amount
___	___	___
___	___	___
___	___	___
___	___	___
___	___	___
___	___	___

PM

Time	Food	Amount
___	___	___
___	___	___
___	___	___
___	___	___
___	___	___
___	___	___

SLEEP

AM

Start	End	Duration
___	___	___
___	___	___
___	___	___
___	___	___
___	___	___
___	___	___

PM

Start	End	Duration
___	___	___
___	___	___
___	___	___
___	___	___
___	___	___
___	___	___

DIAPER

Pee	Poop	Time		Pee	Poop	Time
○	○	___		○	○	___
○	○	___		○	○	___
○	○	___		○	○	___

Activity Notes

Baby's Mood 😁 ☹️ 😌 😐 😠

DATE

FOOD

AM

Time	Food	Amount

PM

Time	Food	Amount

SLEEP

AM

Start	End	Duration

PM

Start	End	Duration

DIAPER

Pee	Poop	Time
○	○	
○	○	
○	○	

Pee	Poop	Time
○	○	
○	○	
○	○	

Activity Notes

Baby's Mood 😁 ☹️ 😌 😐 😠

DATE

FOOD

AM

Time	Food	Amount
___	___	___
___	___	___
___	___	___
___	___	___
___	___	___
___	___	___

PM

Time	Food	Amount
___	___	___
___	___	___
___	___	___
___	___	___
___	___	___
___	___	___

SLEEP

AM

Start	End	Duration
___	___	___
___	___	___
___	___	___
___	___	___
___	___	___
___	___	___

PM

Start	End	Duration
___	___	___
___	___	___
___	___	___
___	___	___
___	___	___
___	___	___

DIAPER

Pee	Poop	Time
○	○	___
○	○	___
○	○	___

Pee	Poop	Time
○	○	___
○	○	___
○	○	___

Activity Notes

Baby's Mood 😁 ☹️ 😌 😐 😠   DATE

FOOD

AM

Time	Food	Amount
____	____	____
____	____	____
____	____	____
____	____	____
____	____	____

PM

Time	Food	Amount
____	____	____
____	____	____
____	____	____
____	____	____
____	____	____

SLEEP

AM

Start	End	Duration
____	____	____
____	____	____
____	____	____
____	____	____
____	____	____
____	____	____

PM

Start	End	Duration
____	____	____
____	____	____
____	____	____
____	____	____
____	____	____
____	____	____

DIAPER

Pee	Poop	Time		Pee	Poop	Time
○	○	____		○	○	____
○	○	____		○	○	____
○	○	____		○	○	____

Activity Notes

Baby's Mood   😁 ☹️ 😌 😐 😠   DATE

FOOD

AM
Time	Food	Amount
___	___	___
___	___	___
___	___	___
___	___	___
___	___	___
___	___	___

PM
Time	Food	Amount
___	___	___
___	___	___
___	___	___
___	___	___
___	___	___
___	___	___

SLEEP

AM
Start	End	Duration
___	___	___
___	___	___
___	___	___
___	___	___
___	___	___
___	___	___

PM
Start	End	Duration
___	___	___
___	___	___
___	___	___
___	___	___
___	___	___
___	___	___

DIAPER

Pee	Poop	Time		Pee	Poop	Time
○	○	___		○	○	___
○	○	___		○	○	___
○	○	___		○	○	___

Activity Notes

Baby's Mood 😁 ☹️ 😌 😐 😠   DATE

FOOD

AM

Time	Food	Amount
____	____	_____
____	____	_____
____	____	_____
____	____	_____
____	____	_____
____	____	_____

PM

Time	Food	Amount
____	____	_____
____	____	_____
____	____	_____
____	____	_____
____	____	_____
____	____	_____

SLEEP

AM

Start	End	Duration
____	____	_____
____	____	_____
____	____	_____
____	____	_____
____	____	_____

PM

Start	End	Duration
____	____	_____
____	____	_____
____	____	_____
____	____	_____
____	____	_____

DIAPER

Pee	Poop	Time
○	○	_____
○	○	_____
○	○	_____

Pee	Poop	Time
○	○	_____
○	○	_____
○	○	_____

Activity Notes

Baby's Mood 😁 ☹️ 😌 😐 😠   DATE ____

FOOD

AM

Time	Food	Amount
____	____	_____
____	____	_____
____	____	_____
____	____	_____
____	____	_____

PM

Time	Food	Amount
____	____	_____
____	____	_____
____	____	_____
____	____	_____
____	____	_____

SLEEP

AM

Start	End	Duration
_____	___	_____
_____	___	_____
_____	___	_____
_____	___	_____
_____	___	_____

PM

Start	End	Duration
_____	___	_____
_____	___	_____
_____	___	_____
_____	___	_____
_____	___	_____

DIAPER

Pee	Poop	Time
○	○	_____
○	○	_____
○	○	_____

Pee	Poop	Time
○	○	_____
○	○	_____
○	○	_____

Activity Notes

Baby's Mood 😁 ☹️ 😌 😐 😠

DATE

FOOD

AM

Time	Food	Amount

PM

Time	Food	Amount

SLEEP

AM

Start	End	Duration

PM

Start	End	Duration

DIAPER

Pee	Poop	Time
○	○	
○	○	
○	○	

Pee	Poop	Time
○	○	
○	○	
○	○	

Activity Notes

Baby's Mood 😁 ☹️ 😌 😐 😠   DATE

FOOD

AM

Time	Food	Amount
____	____	____
____	____	____
____	____	____
____	____	____
____	____	____
____	____	____

PM

Time	Food	Amount
____	____	____
____	____	____
____	____	____
____	____	____
____	____	____
____	____	____

SLEEP

AM

Start	End	Duration
____	____	____
____	____	____
____	____	____
____	____	____
____	____	____
____	____	____

PM

Start	End	Duration
____	____	____
____	____	____
____	____	____
____	____	____
____	____	____
____	____	____

DIAPER

Pee	Poop	Time
○	○	____
○	○	____
○	○	____

Pee	Poop	Time
○	○	____
○	○	____
○	○	____

Activity Notes

Baby's Mood 😁 ☹️ 😌 😐 😠 DATE

FOOD

AM
Time	Food	Amount
____	____	____
____	____	____
____	____	____
____	____	____
____	____	____
____	____	____

PM
Time	Food	Amount
____	____	____
____	____	____
____	____	____
____	____	____
____	____	____
____	____	____

SLEEP

AM
Start	End	Duration
____	____	____
____	____	____
____	____	____
____	____	____
____	____	____

PM
Start	End	Duration
____	____	____
____	____	____
____	____	____
____	____	____
____	____	____

DIAPER

Pee	Poop	Time		Pee	Poop	Time
○	○	____		○	○	____
○	○	____		○	○	____
○	○	____		○	○	____

Activity Notes

Baby's Mood 😁 ☹️ 😌 😐 😠   DATE

FOOD

AM

Time	Food	Amount
_____	_____	_____
_____	_____	_____
_____	_____	_____
_____	_____	_____
_____	_____	_____

PM

Time	Food	Amount
_____	_____	_____
_____	_____	_____
_____	_____	_____
_____	_____	_____
_____	_____	_____

SLEEP

AM

Start	End	Duration
_____	_____	_____
_____	_____	_____
_____	_____	_____
_____	_____	_____
_____	_____	_____

PM

Start	End	Duration
_____	_____	_____
_____	_____	_____
_____	_____	_____
_____	_____	_____
_____	_____	_____

DIAPER

Pee	Poop	Time		Pee	Poop	Time
○	○	_____		○	○	_____
○	○	_____		○	○	_____
○	○	_____		○	○	_____

Activity Notes

Baby's Mood 😁 ☹️ 😌 😐 😠

DATE

FOOD

AM
Time	Food	Amount
____	____	____
____	____	____
____	____	____
____	____	____
____	____	____
____	____	____

PM
Time	Food	Amount
____	____	____
____	____	____
____	____	____
____	____	____
____	____	____
____	____	____

SLEEP

AM
Start	End	Duration
____	____	____
____	____	____
____	____	____
____	____	____
____	____	____

PM
Start	End	Duration
____	____	____
____	____	____
____	____	____
____	____	____
____	____	____

DIAPER

Pee	Poop	Time
◯	◯	____
◯	◯	____
◯	◯	____

Pee	Poop	Time
◯	◯	____
◯	◯	____
◯	◯	____

Activity Notes

Baby's Mood 😁 ☹️ 😌 😐 😠

DATE

FOOD

AM

Time	Food	Amount
___	___	___
___	___	___
___	___	___
___	___	___
___	___	___
___	___	___

PM

Time	Food	Amount
___	___	___
___	___	___
___	___	___
___	___	___
___	___	___
___	___	___

SLEEP

AM

Start	End	Duration
___	___	___
___	___	___
___	___	___
___	___	___
___	___	___
___	___	___

PM

Start	End	Duration
___	___	___
___	___	___
___	___	___
___	___	___
___	___	___
___	___	___

DIAPER

Pee	Poop	Time
○	○	___
○	○	___
○	○	___

Pee	Poop	Time
○	○	___
○	○	___
○	○	___

Activity Notes

Baby's Mood 😁 ☹️ 😌 😐 😠   DATE

FOOD

AM

Time	Food	Amount
___	___	___
___	___	___
___	___	___
___	___	___
___	___	___
___	___	___

PM

Time	Food	Amount
___	___	___
___	___	___
___	___	___
___	___	___
___	___	___
___	___	___

SLEEP

AM

Start	End	Duration
___	___	___
___	___	___
___	___	___
___	___	___
___	___	___

PM

Start	End	Duration
___	___	___
___	___	___
___	___	___
___	___	___
___	___	___

DIAPER

Pee	Poop	Time
○	○	___
○	○	___
○	○	___

Pee	Poop	Time
○	○	___
○	○	___
○	○	___

Activity Notes

Baby's Mood 😁 ☹️ 😌 😐 😠   DATE

FOOD

AM | **PM**

Time	Food	Amount		Time	Food	Amount

SLEEP

AM | **PM**

Start	End	Duration		Start	End	Duration

DIAPER

Pee	Poop	Time		Pee	Poop	Time
○	○			○	○	
○	○			○	○	
○	○			○	○	

Activity Notes

Baby's Mood 😁 ☹️ 😌 😐 😠

DATE

FOOD

AM
Time	Food	Amount
____	____	____
____	____	____
____	____	____
____	____	____
____	____	____

PM
Time	Food	Amount
____	____	____
____	____	____
____	____	____
____	____	____
____	____	____

SLEEP

AM
Start	End	Duration
____	____	____
____	____	____
____	____	____
____	____	____
____	____	____

PM
Start	End	Duration
____	____	____
____	____	____
____	____	____
____	____	____
____	____	____

DIAPER

Pee	Poop	Time		Pee	Poop	Time
○	○	____		○	○	____
○	○	____		○	○	____
○	○	____		○	○	____

Activity Notes

Baby's Mood 😁 ☹️ 😌 😐 😠   DATE

FOOD

AM

Time	Food	Amount
___	___	___
___	___	___
___	___	___
___	___	___
___	___	___

PM

Time	Food	Amount
___	___	___
___	___	___
___	___	___
___	___	___
___	___	___

SLEEP

AM

Start	End	Duration
___	___	___
___	___	___
___	___	___
___	___	___
___	___	___

PM

Start	End	Duration
___	___	___
___	___	___
___	___	___
___	___	___
___	___	___

DIAPER

Pee	Poop	Time
○	○	___
○	○	___
○	○	___

Pee	Poop	Time
○	○	___
○	○	___
○	○	___

Activity Notes

Baby's Mood   😁 ☹️ 😌 😐 😠

DATE

FOOD

AM

Time	Food	Amount
____	____	____
____	____	____
____	____	____
____	____	____
____	____	____
____	____	____

PM

Time	Food	Amount
____	____	____
____	____	____
____	____	____
____	____	____
____	____	____
____	____	____

SLEEP

AM

Start	End	Duration
____	____	____
____	____	____
____	____	____
____	____	____
____	____	____

PM

Start	End	Duration
____	____	____
____	____	____
____	____	____
____	____	____
____	____	____

DIAPER

Pee	Poop	Time
○	○	____
○	○	____
○	○	____

Pee	Poop	Time
○	○	____
○	○	____
○	○	____

Activity Notes

Baby's Mood   😁 ☹️ 😌 😐 😠   DATE

FOOD

AM

Time	Food	Amount
____	____	_____
____	____	_____
____	____	_____
____	____	_____
____	____	_____

PM

Time	Food	Amount
____	____	_____
____	____	_____
____	____	_____
____	____	_____
____	____	_____

SLEEP

AM

Start	End	Duration
____	___	_____
____	___	_____
____	___	_____
____	___	_____
____	___	_____

PM

Start	End	Duration
____	___	_____
____	___	_____
____	___	_____
____	___	_____
____	___	_____

DIAPER

Pee Poop Time   Pee Poop Time
○   ○   _____   ○   ○   _____
○   ○   _____   ○   ○   _____
○   ○   _____   ○   ○   _____

Activity Notes

Baby's Mood 😁 ☹️ 😌 😐 😠

DATE

FOOD

AM
Time	Food	Amount
___	___	___
___	___	___
___	___	___
___	___	___
___	___	___
___	___	___

PM
Time	Food	Amount
___	___	___
___	___	___
___	___	___
___	___	___
___	___	___
___	___	___

SLEEP

AM
Start	End	Duration
___	___	___
___	___	___
___	___	___
___	___	___
___	___	___

PM
Start	End	Duration
___	___	___
___	___	___
___	___	___
___	___	___
___	___	___

DIAPER

Pee	Poop	Time
○	○	___
○	○	___
○	○	___

Pee	Poop	Time
○	○	___
○	○	___
○	○	___

Activity Notes

Baby's Mood 😁 ☹️ 😌 😐 😠   DATE

FOOD

AM

Time	Food	Amount
____	____	____
____	____	____
____	____	____
____	____	____
____	____	____

PM

Time	Food	Amount
____	____	____
____	____	____
____	____	____
____	____	____
____	____	____

SLEEP

AM

Start	End	Duration
____	____	____
____	____	____
____	____	____
____	____	____
____	____	____

PM

Start	End	Duration
____	____	____
____	____	____
____	____	____
____	____	____
____	____	____

DIAPER

Pee	Poop	Time
○	○	____
○	○	____
○	○	____

Pee	Poop	Time
○	○	____
○	○	____
○	○	____

Activity Notes

Baby's Mood 😁 ☹️ 😌 😐 😠

DATE

FOOD

AM

Time	Food	Amount
___	___	___
___	___	___
___	___	___
___	___	___
___	___	___

PM

Time	Food	Amount
___	___	___
___	___	___
___	___	___
___	___	___
___	___	___

SLEEP

AM

Start	End	Duration
___	___	___
___	___	___
___	___	___
___	___	___
___	___	___
___	___	___

PM

Start	End	Duration
___	___	___
___	___	___
___	___	___
___	___	___
___	___	___
___	___	___

DIAPER

Pee	Poop	Time
○	○	___
○	○	___
○	○	___

Pee	Poop	Time
○	○	___
○	○	___
○	○	___

Activity Notes

Baby's Mood 😁 ☹️ 😌 😐 😠

DATE

FOOD

AM

Time	Food	Amount
____	____	____
____	____	____
____	____	____
____	____	____
____	____	____

PM

Time	Food	Amount
____	____	____
____	____	____
____	____	____
____	____	____
____	____	____

SLEEP

AM

Start	End	Duration
____	____	____
____	____	____
____	____	____
____	____	____
____	____	____

PM

Start	End	Duration
____	____	____
____	____	____
____	____	____
____	____	____
____	____	____

DIAPER

Pee	Poop	Time		Pee	Poop	Time
○	○	____		○	○	____
○	○	____		○	○	____
○	○	____		○	○	____

Activity Notes

Baby's Mood   😁 ☹️ 😌 😐 😠   DATE

FOOD

AM

Time	Food	Amount
____	____	____
____	____	____
____	____	____
____	____	____
____	____	____
____	____	____

PM

Time	Food	Amount
____	____	____
____	____	____
____	____	____
____	____	____
____	____	____
____	____	____

SLEEP

AM

Start	End	Duration
____	____	____
____	____	____
____	____	____
____	____	____
____	____	____

PM

Start	End	Duration
____	____	____
____	____	____
____	____	____
____	____	____
____	____	____

DIAPER

Pee	Poop	Time		Pee	Poop	Time
○	○	____		○	○	____
○	○	____		○	○	____
○	○	____		○	○	____

Activity Notes

Baby's Mood 😁 ☹️ 😌 😐 😠

DATE

FOOD

	AM			PM	
Time	Food	Amount	Time	Food	Amount
___	___	___	___	___	___
___	___	___	___	___	___
___	___	___	___	___	___
___	___	___	___	___	___
___	___	___	___	___	___

SLEEP

	AM			PM	
Start	End	Duration	Start	End	Duration
___	___	___	___	___	___
___	___	___	___	___	___
___	___	___	___	___	___
___	___	___	___	___	___
___	___	___	___	___	___

DIAPER

Pee	Poop	Time	Pee	Poop	Time
○	○	___	○	○	___
○	○	___	○	○	___
○	○	___	○	○	___

Activity Notes

Baby's Mood 😁 ☹️ 😌 😐 😠   DATE

FOOD

AM

Time	Food	Amount

PM

Time	Food	Amount

SLEEP

AM

Start	End	Duration

PM

Start	End	Duration

DIAPER

Pee	Poop	Time
○	○	
○	○	
○	○	

Pee	Poop	Time
○	○	
○	○	
○	○	

Activity Notes

Baby's Mood 😁 ☹️ 😌 😐 😠   DATE

FOOD

AM
Time	Food	Amount
____	____	____
____	____	____
____	____	____
____	____	____
____	____	____

PM
Time	Food	Amount
____	____	____
____	____	____
____	____	____
____	____	____
____	____	____

SLEEP

AM
Start	End	Duration
____	____	____
____	____	____
____	____	____
____	____	____
____	____	____

PM
Start	End	Duration
____	____	____
____	____	____
____	____	____
____	____	____
____	____	____

DIAPER

Pee	Poop	Time		Pee	Poop	Time
○	○	____		○	○	____
○	○	____		○	○	____
○	○	____		○	○	____

Activity Notes

Baby's Mood 😁 ☹️ 😌 😐 😠

DATE

FOOD

AM

Time	Food	Amount
___	___	___
___	___	___
___	___	___
___	___	___
___	___	___
___	___	___

PM

Time	Food	Amount
___	___	___
___	___	___
___	___	___
___	___	___
___	___	___
___	___	___

SLEEP

AM

Start	End	Duration
___	___	___
___	___	___
___	___	___
___	___	___
___	___	___

PM

Start	End	Duration
___	___	___
___	___	___
___	___	___
___	___	___
___	___	___

DIAPER

Pee	Poop	Time	Pee	Poop	Time
○	○	___	○	○	___
○	○	___	○	○	___
○	○	___	○	○	___

Activity Notes

Baby's Mood   😁 ☹️ 😌 😐 😠

DATE

FOOD

AM

Time	Food	Amount
___	___	___
___	___	___
___	___	___
___	___	___
___	___	___

PM

Time	Food	Amount
___	___	___
___	___	___
___	___	___
___	___	___
___	___	___

SLEEP

AM

Start	End	Duration
___	___	___
___	___	___
___	___	___
___	___	___
___	___	___

PM

Start	End	Duration
___	___	___
___	___	___
___	___	___
___	___	___
___	___	___

DIAPER

Pee	Poop	Time		Pee	Poop	Time
○	○	___		○	○	___
○	○	___		○	○	___
○	○	___		○	○	___

Activity Notes

Baby's Mood 😁 ☹️ 😌 😐 😠   DATE

FOOD

AM

Time	Food	Amount
___	___	___
___	___	___
___	___	___
___	___	___
___	___	___

PM

Time	Food	Amount
___	___	___
___	___	___
___	___	___
___	___	___
___	___	___

SLEEP

AM

Start	End	Duration
___	___	___
___	___	___
___	___	___
___	___	___
___	___	___

PM

Start	End	Duration
___	___	___
___	___	___
___	___	___
___	___	___
___	___	___

DIAPER

Pee	Poop	Time
○	○	___
○	○	___
○	○	___

Pee	Poop	Time
○	○	___
○	○	___
○	○	___

Activity Notes

Baby's Mood 😁 ☹️ 😌 😐 😠

DATE

FOOD

AM
Time	Food	Amount
___	___	___
___	___	___
___	___	___
___	___	___
___	___	___
___	___	___

PM
Time	Food	Amount
___	___	___
___	___	___
___	___	___
___	___	___
___	___	___
___	___	___

SLEEP

AM
Start	End	Duration
___	___	___
___	___	___
___	___	___
___	___	___
___	___	___
___	___	___

PM
Start	End	Duration
___	___	___
___	___	___
___	___	___
___	___	___
___	___	___
___	___	___

DIAPER

Pee	Poop	Time		Pee	Poop	Time
○	○	___		○	○	___
○	○	___		○	○	___
○	○	___		○	○	___

Activity Notes

Baby's Mood   😁 ☹ 😌 😐 😠   DATE

FOOD

AM

Time	Food	Amount
____	____	____
____	____	____
____	____	____
____	____	____
____	____	____
____	____	____

PM

Time	Food	Amount
____	____	____
____	____	____
____	____	____
____	____	____
____	____	____
____	____	____

SLEEP

AM

Start	End	Duration
____	____	____
____	____	____
____	____	____
____	____	____
____	____	____
____	____	____

PM

Start	End	Duration
____	____	____
____	____	____
____	____	____
____	____	____
____	____	____
____	____	____

DIAPER

Pee	Poop	Time		Pee	Poop	Time
○	○	____		○	○	____
○	○	____		○	○	____
○	○	____		○	○	____

Activity Notes

Baby's Mood 😁 ☹️ 😌 😐 😠 DATE

FOOD

AM
Time	Food	Amount
___	___	___
___	___	___
___	___	___
___	___	___
___	___	___
___	___	___

PM
Time	Food	Amount
___	___	___
___	___	___
___	___	___
___	___	___
___	___	___
___	___	___

SLEEP

AM
Start	End	Duration
___	___	___
___	___	___
___	___	___
___	___	___
___	___	___
___	___	___

PM
Start	End	Duration
___	___	___
___	___	___
___	___	___
___	___	___
___	___	___
___	___	___

DIAPER

Pee	Poop	Time		Pee	Poop	Time
○	○	___		○	○	___
○	○	___		○	○	___
○	○	___		○	○	___

Activity Notes

Baby's Mood 😁 ☹️ 😌 😐 😠

DATE

FOOD

AM
Time	Food	Amount
_____	_____	_____
_____	_____	_____
_____	_____	_____
_____	_____	_____
_____	_____	_____
_____	_____	_____

PM
Time	Food	Amount
_____	_____	_____
_____	_____	_____
_____	_____	_____
_____	_____	_____
_____	_____	_____
_____	_____	_____

SLEEP

AM
Start	End	Duration
_____	_____	_____
_____	_____	_____
_____	_____	_____
_____	_____	_____
_____	_____	_____
_____	_____	_____

PM
Start	End	Duration
_____	_____	_____
_____	_____	_____
_____	_____	_____
_____	_____	_____
_____	_____	_____
_____	_____	_____

DIAPER

Pee	Poop	Time		Pee	Poop	Time
○	○	_____		○	○	_____
○	○	_____		○	○	_____
○	○	_____		○	○	_____

Activity Notes

Baby's Mood 😁 ☹️ 😌 😐 😠   DATE

FOOD

AM				PM		
Time	Food	Amount		Time	Food	Amount
___	___	___		___	___	___
___	___	___		___	___	___
___	___	___		___	___	___
___	___	___		___	___	___
___	___	___		___	___	___

SLEEP

AM				PM		
Start	End	Duration		Start	End	Duration
___	___	___		___	___	___
___	___	___		___	___	___
___	___	___		___	___	___
___	___	___		___	___	___
___	___	___		___	___	___

DIAPER

Pee	Poop	Time		Pee	Poop	Time
○	○	___		○	○	___
○	○	___		○	○	___
○	○	___		○	○	___

Activity Notes

Baby's Mood 😁 ☹️ 😌 😐 😠

DATE

FOOD

AM

Time	Food	Amount

PM

Time	Food	Amount

SLEEP

AM

Start	End	Duration

PM

Start	End	Duration

DIAPER

Pee	Poop	Time
○	○	
○	○	
○	○	

Pee	Poop	Time
○	○	
○	○	
○	○	

Activity Notes

Baby's Mood 😁 ☹️ 😌 😐 😠   DATE

FOOD

AM

Time	Food	Amount
___	___	___
___	___	___
___	___	___
___	___	___
___	___	___

PM

Time	Food	Amount
___	___	___
___	___	___
___	___	___
___	___	___
___	___	___

SLEEP

AM

Start	End	Duration
___	___	___
___	___	___
___	___	___
___	___	___
___	___	___

PM

Start	End	Duration
___	___	___
___	___	___
___	___	___
___	___	___
___	___	___

DIAPER

Pee	Poop	Time		Pee	Poop	Time
○	○	___		○	○	___
○	○	___		○	○	___
○	○	___		○	○	___

Activity Notes

Baby's Mood 😁 ☹️ 😌 😐 😠

DATE

FOOD

AM

Time	Food	Amount
___	___	___
___	___	___
___	___	___
___	___	___
___	___	___
___	___	___

PM

Time	Food	Amount
___	___	___
___	___	___
___	___	___
___	___	___
___	___	___
___	___	___

SLEEP

AM

Start	End	Duration
___	___	___
___	___	___
___	___	___
___	___	___
___	___	___

PM

Start	End	Duration
___	___	___
___	___	___
___	___	___
___	___	___
___	___	___

DIAPER

Pee	Poop	Time		Pee	Poop	Time
○	○	___		○	○	___
○	○	___		○	○	___
○	○	___		○	○	___

Activity Notes

Baby's Mood 😁 ☹️ 😌 😐 😠   DATE

FOOD

AM

Time	Food	Amount
___	___	___
___	___	___
___	___	___
___	___	___
___	___	___
___	___	___

PM

Time	Food	Amount
___	___	___
___	___	___
___	___	___
___	___	___
___	___	___
___	___	___

SLEEP

AM

Start	End	Duration
___	___	___
___	___	___
___	___	___
___	___	___
___	___	___
___	___	___

PM

Start	End	Duration
___	___	___
___	___	___
___	___	___
___	___	___
___	___	___
___	___	___

DIAPER

Pee	Poop	Time		Pee	Poop	Time
○	○	___		○	○	___
○	○	___		○	○	___
○	○	___		○	○	___

Activity Notes

Baby's Mood 😁 ☹ 😌 😐 😠   DATE

FOOD

AM

Time	Food	Amount
___	___	___
___	___	___
___	___	___
___	___	___
___	___	___
___	___	___

PM

Time	Food	Amount
___	___	___
___	___	___
___	___	___
___	___	___
___	___	___
___	___	___

SLEEP

AM

Start	End	Duration
___	___	___
___	___	___
___	___	___
___	___	___
___	___	___
___	___	___

PM

Start	End	Duration
___	___	___
___	___	___
___	___	___
___	___	___
___	___	___
___	___	___

DIAPER

Pee	Poop	Time
○	○	___
○	○	___
○	○	___

Pee	Poop	Time
○	○	___
○	○	___
○	○	___

Activity Notes

Baby's Mood 😁 ☹️ 😌 😐 😠

DATE

FOOD

AM
Time	Food	Amount
____	____	_____
____	____	_____
____	____	_____
____	____	_____
____	____	_____
____	____	_____

PM
Time	Food	Amount
____	____	_____
____	____	_____
____	____	_____
____	____	_____
____	____	_____
____	____	_____

SLEEP

AM
Start	End	Duration
_____	___	_____
_____	___	_____
_____	___	_____
_____	___	_____
_____	___	_____

PM
Start	End	Duration
_____	___	_____
_____	___	_____
_____	___	_____
_____	___	_____
_____	___	_____

DIAPER

Pee	Poop	Time		Pee	Poop	Time
○	○	____		○	○	____
○	○	____		○	○	____
○	○	____		○	○	____

Activity Notes

Baby's Mood 😁 ☹️ 😌 😐 😠

DATE

FOOD

AM

Time	Food	Amount
___	___	___
___	___	___
___	___	___
___	___	___
___	___	___
___	___	___

PM

Time	Food	Amount
___	___	___
___	___	___
___	___	___
___	___	___
___	___	___
___	___	___

SLEEP

AM

Start	End	Duration
___	___	___
___	___	___
___	___	___
___	___	___
___	___	___

PM

Start	End	Duration
___	___	___
___	___	___
___	___	___
___	___	___
___	___	___

DIAPER

Pee	Poop	Time
○	○	___
○	○	___
○	○	___

Pee	Poop	Time
○	○	___
○	○	___
○	○	___

Activity Notes

Baby's Mood 😁 ☹️ 😌 😐 😠   DATE

FOOD

AM

Time	Food	Amount
____	____	_____
____	____	_____
____	____	_____
____	____	_____
____	____	_____

PM

Time	Food	Amount
____	____	_____
____	____	_____
____	____	_____
____	____	_____
____	____	_____

SLEEP

AM

Start	End	Duration
____	___	_____
____	___	_____
____	___	_____
____	___	_____
____	___	_____

PM

Start	End	Duration
____	___	_____
____	___	_____
____	___	_____
____	___	_____
____	___	_____

DIAPER

Pee	Poop	Time		Pee	Poop	Time
○	○	____		○	○	____
○	○	____		○	○	____
○	○	____		○	○	____

Activity Notes

Baby's Mood 😁 ☹️ 😌 😐 😠

DATE

FOOD

AM

Time	Food	Amount
___	___	___
___	___	___
___	___	___
___	___	___
___	___	___
___	___	___

PM

Time	Food	Amount
___	___	___
___	___	___
___	___	___
___	___	___
___	___	___
___	___	___

SLEEP

AM

Start	End	Duration
___	___	___
___	___	___
___	___	___
___	___	___
___	___	___
___	___	___

PM

Start	End	Duration
___	___	___
___	___	___
___	___	___
___	___	___
___	___	___
___	___	___

DIAPER

Pee	Poop	Time
○	○	___
○	○	___
○	○	___

Pee	Poop	Time
○	○	___
○	○	___
○	○	___

Activity Notes

Baby's Mood   😁 ☹️ 😌 😐 😠   DATE

FOOD

AM

Time	Food	Amount
___	___	___
___	___	___
___	___	___
___	___	___
___	___	___
___	___	___

PM

Time	Food	Amount
___	___	___
___	___	___
___	___	___
___	___	___
___	___	___
___	___	___

SLEEP

AM

Start	End	Duration
___	___	___
___	___	___
___	___	___
___	___	___
___	___	___
___	___	___

PM

Start	End	Duration
___	___	___
___	___	___
___	___	___
___	___	___
___	___	___
___	___	___

DIAPER

Pee	Poop	Time		Pee	Poop	Time
○	○	___		○	○	___
○	○	___		○	○	___
○	○	___		○	○	___

Activity Notes

Baby's Mood 😁 ☹️ 😌 😐 😠

DATE

FOOD

AM

Time	Food	Amount
____	____	____
____	____	____
____	____	____
____	____	____
____	____	____
____	____	____

PM

Time	Food	Amount
____	____	____
____	____	____
____	____	____
____	____	____
____	____	____
____	____	____

SLEEP

AM

Start	End	Duration
____	____	____
____	____	____
____	____	____
____	____	____
____	____	____
____	____	____

PM

Start	End	Duration
____	____	____
____	____	____
____	____	____
____	____	____
____	____	____
____	____	____

DIAPER

Pee	Poop	Time		Pee	Poop	Time
○	○	____		○	○	____
○	○	____		○	○	____
○	○	____		○	○	____

Activity Notes

Baby's Mood 😁 ☹️ 😌 😐 😠   DATE

FOOD

AM

Time	Food	Amount
____	____	____
____	____	____
____	____	____
____	____	____
____	____	____
____	____	____

PM

Time	Food	Amount
____	____	____
____	____	____
____	____	____
____	____	____
____	____	____
____	____	____

SLEEP

AM

Start	End	Duration
____	____	____
____	____	____
____	____	____
____	____	____
____	____	____

PM

Start	End	Duration
____	____	____
____	____	____
____	____	____
____	____	____
____	____	____

DIAPER

Pee	Poop	Time
◯	◯	____
◯	◯	____
◯	◯	____

Pee	Poop	Time
◯	◯	____
◯	◯	____
◯	◯	____

Activity Notes

Baby's Mood   😁 ☹️ 😌 😐 😠   DATE

FOOD

AM

Time	Food	Amount

PM

Time	Food	Amount

SLEEP

AM

Start	End	Duration

PM

Start	End	Duration

DIAPER

Pee	Poop	Time
○	○	
○	○	
○	○	

Pee	Poop	Time
○	○	
○	○	
○	○	

Activity Notes

Baby's Mood 😁 ☹️ 😌 😐 😠

DATE

FOOD

	AM			PM	
Time	Food	Amount	Time	Food	Amount
_____	_____	_____	_____	_____	_____
_____	_____	_____	_____	_____	_____
_____	_____	_____	_____	_____	_____
_____	_____	_____	_____	_____	_____
_____	_____	_____	_____	_____	_____

SLEEP

	AM			PM	
Start	End	Duration	Start	End	Duration
_____	_____	_____	_____	_____	_____
_____	_____	_____	_____	_____	_____
_____	_____	_____	_____	_____	_____
_____	_____	_____	_____	_____	_____
_____	_____	_____	_____	_____	_____

DIAPER

Pee	Poop	Time	Pee	Poop	Time
○	○	_____	○	○	_____
○	○	_____	○	○	_____
○	○	_____	○	○	_____

Activity Notes

Baby's Mood   😁 ☹️ 😌 😐 😠   DATE

FOOD

AM

Time	Food	Amount

PM

Time	Food	Amount

SLEEP

AM

Start	End	Duration

PM

Start	End	Duration

DIAPER

Pee	Poop	Time
○	○	
○	○	
○	○	

Pee	Poop	Time
○	○	
○	○	
○	○	

Activity Notes

Baby's Mood   😁 ☹ 😌 😐 😠   DATE

FOOD

AM
Time	Food	Amount

PM
Time	Food	Amount

SLEEP

AM
Start	End	Duration

PM
Start	End	Duration

DIAPER

Pee	Poop	Time		Pee	Poop	Time
○	○			○	○	
○	○			○	○	
○	○			○	○	

Activity Notes

Baby's Mood 😁 ☹️ 😌 😐 😠

DATE

FOOD

AM

Time	Food	Amount
____	____	_____
____	____	_____
____	____	_____
____	____	_____
____	____	_____
____	____	_____

PM

Time	Food	Amount
____	____	_____
____	____	_____
____	____	_____
____	____	_____
____	____	_____
____	____	_____

SLEEP

AM

Start	End	Duration
_____	___	_____
_____	___	_____
_____	___	_____
_____	___	_____
_____	___	_____
_____	___	_____

PM

Start	End	Duration
_____	___	_____
_____	___	_____
_____	___	_____
_____	___	_____
_____	___	_____
_____	___	_____

DIAPER

Pee	Poop	Time
○	○	____
○	○	____
○	○	____

Pee	Poop	Time
○	○	____
○	○	____
○	○	____

Activity Notes

Baby's Mood 😁 ☹️ 😌 😐 😠

DATE

FOOD

AM
Time	Food	Amount
____	____	____
____	____	____
____	____	____
____	____	____
____	____	____
____	____	____

PM
Time	Food	Amount
____	____	____
____	____	____
____	____	____
____	____	____
____	____	____
____	____	____

SLEEP

AM
Start	End	Duration
____	____	____
____	____	____
____	____	____
____	____	____
____	____	____
____	____	____

PM
Start	End	Duration
____	____	____
____	____	____
____	____	____
____	____	____
____	____	____
____	____	____

DIAPER

Pee	Poop	Time		Pee	Poop	Time
○	○	____		○	○	____
○	○	____		○	○	____
○	○	____		○	○	____

Activity Notes

Baby's Mood   😁 ☹ 😌 😐 😠   DATE

FOOD

AM

Time	Food	Amount

PM

Time	Food	Amount

SLEEP

AM

Start	End	Duration

PM

Start	End	Duration

DIAPER

Pee	Poop	Time
○	○	
○	○	
○	○	

Pee	Poop	Time
○	○	
○	○	
○	○	

Activity Notes

Baby's Mood   😁 ☹️ 😌 😐 😠   DATE

FOOD

AM

Time	Food	Amount

PM

Time	Food	Amount

SLEEP

AM

Start	End	Duration

PM

Start	End	Duration

DIAPER

Pee	Poop	Time		Pee	Poop	Time
○	○			○	○	
○	○			○	○	
○	○			○	○	

Activity Notes

Baby's Mood 😁 ☹️ 😌 😐 😠

DATE

FOOD

AM

Time	Food	Amount
___	___	___
___	___	___
___	___	___
___	___	___
___	___	___
___	___	___

PM

Time	Food	Amount
___	___	___
___	___	___
___	___	___
___	___	___
___	___	___
___	___	___

SLEEP

AM

Start	End	Duration
___	___	___
___	___	___
___	___	___
___	___	___
___	___	___
___	___	___

PM

Start	End	Duration
___	___	___
___	___	___
___	___	___
___	___	___
___	___	___
___	___	___

DIAPER

Pee	Poop	Time
○	○	___
○	○	___
○	○	___

Pee	Poop	Time
○	○	___
○	○	___
○	○	___

Activity Notes

Baby's Mood 😁 ☹️ 😌 😐 😠

DATE

FOOD

AM

Time	Food	Amount
____	____	_____
____	____	_____
____	____	_____
____	____	_____
____	____	_____

PM

Time	Food	Amount
____	____	_____
____	____	_____
____	____	_____
____	____	_____
____	____	_____

SLEEP

AM

Start	End	Duration
____	___	_____
____	___	_____
____	___	_____
____	___	_____
____	___	_____

PM

Start	End	Duration
____	___	_____
____	___	_____
____	___	_____
____	___	_____
____	___	_____

DIAPER

Pee	Poop	Time
○	○	____
○	○	____
○	○	____

Pee	Poop	Time
○	○	____
○	○	____
○	○	____

Activity Notes

Baby's Mood 😁 ☹️ 😌 😐 😠

DATE

FOOD

AM

Time	Food	Amount
____	____	_____
____	____	_____
____	____	_____
____	____	_____
____	____	_____

PM

Time	Food	Amount
____	____	_____
____	____	_____
____	____	_____
____	____	_____
____	____	_____

SLEEP

AM

Start	End	Duration
____	____	_____
____	____	_____
____	____	_____
____	____	_____
____	____	_____

PM

Start	End	Duration
____	____	_____
____	____	_____
____	____	_____
____	____	_____
____	____	_____

DIAPER

Pee	Poop	Time
○	○	_____
○	○	_____
○	○	_____

Pee	Poop	Time
○	○	_____
○	○	_____
○	○	_____

Activity Notes

Baby's Mood 😁 ☹️ 😌 😐 😠   DATE

FOOD

AM

Time	Food	Amount
___	___	___
___	___	___
___	___	___
___	___	___
___	___	___

PM

Time	Food	Amount
___	___	___
___	___	___
___	___	___
___	___	___
___	___	___

SLEEP

AM

Start	End	Duration
___	___	___
___	___	___
___	___	___
___	___	___
___	___	___

PM

Start	End	Duration
___	___	___
___	___	___
___	___	___
___	___	___
___	___	___

DIAPER

Pee	Poop	Time
○	○	___
○	○	___
○	○	___

Pee	Poop	Time
○	○	___
○	○	___
○	○	___

Activity Notes

Baby's Mood 😁 ☹️ 😌 😐 😠

DATE

FOOD

AM

Time	Food	Amount
___	___	___
___	___	___
___	___	___
___	___	___
___	___	___
___	___	___

PM

Time	Food	Amount
___	___	___
___	___	___
___	___	___
___	___	___
___	___	___
___	___	___

SLEEP

AM

Start	End	Duration
___	___	___
___	___	___
___	___	___
___	___	___
___	___	___

PM

Start	End	Duration
___	___	___
___	___	___
___	___	___
___	___	___
___	___	___

DIAPER

Pee	Poop	Time
○	○	___
○	○	___
○	○	___

Pee	Poop	Time
○	○	___
○	○	___
○	○	___

Activity Notes

Baby's Mood 😁 ☹️ 😌 😐 😠 DATE

FOOD

AM

Time	Food	Amount
___	___	___
___	___	___
___	___	___
___	___	___
___	___	___
___	___	___

PM

Time	Food	Amount
___	___	___
___	___	___
___	___	___
___	___	___
___	___	___
___	___	___

SLEEP

AM

Start	End	Duration
___	___	___
___	___	___
___	___	___
___	___	___
___	___	___
___	___	___

PM

Start	End	Duration
___	___	___
___	___	___
___	___	___
___	___	___
___	___	___
___	___	___

DIAPER

Pee	Poop	Time		Pee	Poop	Time
○	○	___		○	○	___
○	○	___		○	○	___
○	○	___		○	○	___

Activity Notes

Baby's Mood 😁 ☹ 😌 😐 😠   DATE

FOOD

AM

Time	Food	Amount
____	____	____
____	____	____
____	____	____
____	____	____
____	____	____
____	____	____

PM

Time	Food	Amount
____	____	____
____	____	____
____	____	____
____	____	____
____	____	____
____	____	____

SLEEP

AM

Start	End	Duration
____	____	____
____	____	____
____	____	____
____	____	____
____	____	____
____	____	____

PM

Start	End	Duration
____	____	____
____	____	____
____	____	____
____	____	____
____	____	____
____	____	____

DIAPER

Pee	Poop	Time		Pee	Poop	Time
○	○	____		○	○	____
○	○	____		○	○	____
○	○	____		○	○	____

Activity Notes

Baby's Mood 😁 ☹️ 😌 😐 😠   DATE

FOOD

AM
Time	Food	Amount
____	____	_____
____	____	_____
____	____	_____
____	____	_____
____	____	_____

PM
Time	Food	Amount
____	____	_____
____	____	_____
____	____	_____
____	____	_____
____	____	_____

SLEEP

AM
Start	End	Duration
____	____	_____
____	____	_____
____	____	_____
____	____	_____
____	____	_____
____	____	_____

PM
Start	End	Duration
____	____	_____
____	____	_____
____	____	_____
____	____	_____
____	____	_____
____	____	_____

DIAPER

Pee	Poop	Time
○	○	____
○	○	____
○	○	____

Pee	Poop	Time
○	○	____
○	○	____
○	○	____

Activity Notes

Baby's Mood   😁 ☹️ 😌 😐 😠   DATE

FOOD

AM

Time	Food	Amount
____	____	____
____	____	____
____	____	____
____	____	____
____	____	____
____	____	____

PM

Time	Food	Amount
____	____	____
____	____	____
____	____	____
____	____	____
____	____	____
____	____	____

SLEEP

AM

Start	End	Duration
____	____	____
____	____	____
____	____	____
____	____	____
____	____	____
____	____	____

PM

Start	End	Duration
____	____	____
____	____	____
____	____	____
____	____	____
____	____	____
____	____	____

DIAPER

Pee	Poop	Time		Pee	Poop	Time
○	○	____		○	○	____
○	○	____		○	○	____
○	○	____		○	○	____

Activity Notes

Baby's Mood 😁 ☹️ 😌 😐 😠   DATE

FOOD

AM

Time	Food	Amount
____	____	____
____	____	____
____	____	____
____	____	____
____	____	____

PM

Time	Food	Amount
____	____	____
____	____	____
____	____	____
____	____	____
____	____	____

SLEEP

AM

Start	End	Duration
____	____	____
____	____	____
____	____	____
____	____	____
____	____	____

PM

Start	End	Duration
____	____	____
____	____	____
____	____	____
____	____	____
____	____	____

DIAPER

Pee	Poop	Time		Pee	Poop	Time
○	○	____		○	○	____
○	○	____		○	○	____
○	○	____		○	○	____

Activity Notes

Baby's Mood 😁 ☹️ 😌 😐 😠

DATE

FOOD

AM
Time	Food	Amount

PM
Time	Food	Amount

SLEEP

AM
Start	End	Duration

PM
Start	End	Duration

DIAPER

Pee	Poop	Time		Pee	Poop	Time
○	○			○	○	
○	○			○	○	
○	○			○	○	

Activity Notes

Baby's Mood   😁 ☹ 😌 😐 😠   DATE

FOOD

AM			PM		
Time	Food	Amount	Time	Food	Amount
___	___	___	___	___	___
___	___	___	___	___	___
___	___	___	___	___	___
___	___	___	___	___	___
___	___	___	___	___	___

SLEEP

AM			PM		
Start	End	Duration	Start	End	Duration
___	___	___	___	___	___
___	___	___	___	___	___
___	___	___	___	___	___
___	___	___	___	___	___
___	___	___	___	___	___

DIAPER

Pee	Poop	Time	Pee	Poop	Time
○	○	___	○	○	___
○	○	___	○	○	___
○	○	___	○	○	___

Activity Notes

Baby's Mood 😁 ☹ 😌 😐 😠   DATE

FOOD

AM

Time	Food	Amount
____	____	____
____	____	____
____	____	____
____	____	____
____	____	____
____	____	____

PM

Time	Food	Amount
____	____	____
____	____	____
____	____	____
____	____	____
____	____	____
____	____	____

SLEEP

AM

Start	End	Duration
____	____	____
____	____	____
____	____	____
____	____	____
____	____	____

PM

Start	End	Duration
____	____	____
____	____	____
____	____	____
____	____	____
____	____	____

DIAPER

Pee	Poop	Time
○	○	____
○	○	____
○	○	____

Pee	Poop	Time
○	○	____
○	○	____
○	○	____

Activity Notes

Baby's Mood 😁 ☹️ 😌 😐 😠   DATE

FOOD

AM

Time	Food	Amount
___	___	___
___	___	___
___	___	___
___	___	___
___	___	___

PM

Time	Food	Amount
___	___	___
___	___	___
___	___	___
___	___	___
___	___	___

SLEEP

AM

Start	End	Duration
___	___	___
___	___	___
___	___	___
___	___	___
___	___	___

PM

Start	End	Duration
___	___	___
___	___	___
___	___	___
___	___	___
___	___	___

DIAPER

Pee	Poop	Time
○	○	___
○	○	___
○	○	___

Pee	Poop	Time
○	○	___
○	○	___
○	○	___

Activity Notes

Baby's Mood 😁 ☹ 😌 😐 😠   DATE

FOOD

AM

Time	Food	Amount

PM

Time	Food	Amount

SLEEP

AM

Start	End	Duration

PM

Start	End	Duration

DIAPER

Pee	Poop	Time
○	○	
○	○	
○	○	

Pee	Poop	Time
○	○	
○	○	
○	○	

Activity Notes

Baby's Mood   😁 ☹ 😌 😐 😠   DATE _____

FOOD

AM

Time	Food	Amount
____	____	____
____	____	____
____	____	____
____	____	____
____	____	____
____	____	____

PM

Time	Food	Amount
____	____	____
____	____	____
____	____	____
____	____	____
____	____	____
____	____	____

SLEEP

AM

Start	End	Duration
____	____	____
____	____	____
____	____	____
____	____	____
____	____	____
____	____	____

PM

Start	End	Duration
____	____	____
____	____	____
____	____	____
____	____	____
____	____	____
____	____	____

DIAPER

Pee	Poop	Time
○	○	____
○	○	____
○	○	____

Pee	Poop	Time
○	○	____
○	○	____
○	○	____

Activity Notes

_____
_____
_____
_____
_____

Baby's Mood 😁 ☹️ 😌 😐 😠   DATE

FOOD

AM

Time	Food	Amount
___	___	___
___	___	___
___	___	___
___	___	___
___	___	___
___	___	___

PM

Time	Food	Amount
___	___	___
___	___	___
___	___	___
___	___	___
___	___	___
___	___	___

SLEEP

AM

Start	End	Duration
___	___	___
___	___	___
___	___	___
___	___	___
___	___	___
___	___	___

PM

Start	End	Duration
___	___	___
___	___	___
___	___	___
___	___	___
___	___	___
___	___	___

DIAPER

Pee	Poop	Time
○	○	___
○	○	___
○	○	___

Pee	Poop	Time
○	○	___
○	○	___
○	○	___

Activity Notes

Baby's Mood 😁 ☹️ 😌 😐 😠 DATE

FOOD

AM			PM		
Time	Food	Amount	Time	Food	Amount
___	___	___	___	___	___
___	___	___	___	___	___
___	___	___	___	___	___
___	___	___	___	___	___
___	___	___	___	___	___

SLEEP

AM			PM		
Start	End	Duration	Start	End	Duration
___	___	___	___	___	___
___	___	___	___	___	___
___	___	___	___	___	___
___	___	___	___	___	___
___	___	___	___	___	___

DIAPER

Pee	Poop	Time	Pee	Poop	Time
○	○	___	○	○	___
○	○	___	○	○	___
○	○	___	○	○	___

Activity Notes

Baby's Mood 😁 ☹ 😌 😐 😠

DATE

FOOD

AM

Time	Food	Amount
___	___	___
___	___	___
___	___	___
___	___	___
___	___	___
___	___	___

PM

Time	Food	Amount
___	___	___
___	___	___
___	___	___
___	___	___
___	___	___
___	___	___

SLEEP

AM

Start	End	Duration
___	___	___
___	___	___
___	___	___
___	___	___
___	___	___

PM

Start	End	Duration
___	___	___
___	___	___
___	___	___
___	___	___
___	___	___

DIAPER

Pee	Poop	Time
○	○	___
○	○	___
○	○	___

Pee	Poop	Time
○	○	___
○	○	___
○	○	___

Activity Notes

Baby's Mood   DATE

FOOD

AM

Time	Food	Amount
____	____	____
____	____	____
____	____	____
____	____	____
____	____	____
____	____	____

PM

Time	Food	Amount
____	____	____
____	____	____
____	____	____
____	____	____
____	____	____
____	____	____

SLEEP

AM

Start	End	Duration
____	____	____
____	____	____
____	____	____
____	____	____
____	____	____
____	____	____

PM

Start	End	Duration
____	____	____
____	____	____
____	____	____
____	____	____
____	____	____
____	____	____

DIAPER

Pee	Poop	Time
○	○	____
○	○	____
○	○	____

Pee	Poop	Time
○	○	____
○	○	____
○	○	____

Activity Notes

Baby's Mood 😁 ☹️ 😌 😐 😠 DATE

FOOD

AM

Time	Food	Amount

PM

Time	Food	Amount

SLEEP

AM

Start	End	Duration

PM

Start	End	Duration

DIAPER

Pee	Poop	Time
○	○	
○	○	
○	○	

Pee	Poop	Time
○	○	
○	○	
○	○	

Activity Notes

Baby's Mood 😁 ☹️ 😌 😐 😠   DATE

FOOD

AM
Time	Food	Amount
____	____	____
____	____	____
____	____	____
____	____	____
____	____	____
____	____	____

PM
Time	Food	Amount
____	____	____
____	____	____
____	____	____
____	____	____
____	____	____
____	____	____

SLEEP

AM
Start	End	Duration
____	____	____
____	____	____
____	____	____
____	____	____
____	____	____
____	____	____

PM
Start	End	Duration
____	____	____
____	____	____
____	____	____
____	____	____
____	____	____
____	____	____

DIAPER

Pee	Poop	Time		Pee	Poop	Time
○	○	____		○	○	____
○	○	____		○	○	____
○	○	____		○	○	____

Activity Notes

Baby's Mood 😁 ☹️ 😌 😐 😠   DATE

FOOD

AM | **PM**

Time	Food	Amount	Time	Food	Amount

SLEEP

AM | **PM**

Start	End	Duration	Start	End	Duration

DIAPER

Pee	Poop	Time	Pee	Poop	Time
○	○		○	○	
○	○		○	○	
○	○		○	○	

Activity Notes

Baby's Mood 😁 ☹️ 😌 😐 😠   DATE

FOOD

AM

Time	Food	Amount
____	____	_____
____	____	_____
____	____	_____
____	____	_____
____	____	_____
____	____	_____

PM

Time	Food	Amount
____	____	_____
____	____	_____
____	____	_____
____	____	_____
____	____	_____
____	____	_____

SLEEP

AM

Start	End	Duration
_____	___	_____
_____	___	_____
_____	___	_____
_____	___	_____
_____	___	_____
_____	___	_____

PM

Start	End	Duration
_____	___	_____
_____	___	_____
_____	___	_____
_____	___	_____
_____	___	_____
_____	___	_____

DIAPER

Pee	Poop	Time
○	○	____
○	○	____
○	○	____

Pee	Poop	Time
○	○	____
○	○	____
○	○	____

Activity Notes

Baby's Mood 😁 ☹️ 😌 😐 😠

DATE

FOOD

AM

Time	Food	Amount

PM

Time	Food	Amount

SLEEP

AM

Start	End	Duration

PM

Start	End	Duration

DIAPER

Pee	Poop	Time
○	○	
○	○	
○	○	

Pee	Poop	Time
○	○	
○	○	
○	○	

Activity Notes

Baby's Mood

DATE

FOOD

AM

Time	Food	Amount

PM

Time	Food	Amount

SLEEP

AM

Start	End	Duration

PM

Start	End	Duration

DIAPER

Pee	Poop	Time
○	○	
○	○	
○	○	

Pee	Poop	Time
○	○	
○	○	
○	○	

Activity Notes

Baby's Mood 😁 ☹ 😌 😐 😠   DATE

FOOD

AM

Time	Food	Amount
___	___	___
___	___	___
___	___	___
___	___	___
___	___	___
___	___	___

PM

Time	Food	Amount
___	___	___
___	___	___
___	___	___
___	___	___
___	___	___
___	___	___

SLEEP

AM

Start	End	Duration
___	___	___
___	___	___
___	___	___
___	___	___
___	___	___

PM

Start	End	Duration
___	___	___
___	___	___
___	___	___
___	___	___
___	___	___

DIAPER

Pee	Poop	Time
○	○	___
○	○	___
○	○	___

Pee	Poop	Time
○	○	___
○	○	___
○	○	___

Activity Notes

Baby's Mood 😁 ☹️ 😌 😐 😠   DATE

FOOD

	AM				PM	
Time	Food	Amount		Time	Food	Amount
___	___	___		___	___	___
___	___	___		___	___	___
___	___	___		___	___	___
___	___	___		___	___	___
___	___	___		___	___	___

SLEEP

	AM				PM	
Start	End	Duration		Start	End	Duration
___	___	___		___	___	___
___	___	___		___	___	___
___	___	___		___	___	___
___	___	___		___	___	___
___	___	___		___	___	___

DIAPER

Pee	Poop	Time		Pee	Poop	Time
○	○	___		○	○	___
○	○	___		○	○	___
○	○	___		○	○	___

Activity Notes

Baby's Mood 😁 ☹️ 😌 😐 😠   DATE

FOOD

AM

Time	Food	Amount
___	___	___
___	___	___
___	___	___
___	___	___
___	___	___
___	___	___

PM

Time	Food	Amount
___	___	___
___	___	___
___	___	___
___	___	___
___	___	___
___	___	___

SLEEP

AM

Start	End	Duration
___	___	___
___	___	___
___	___	___
___	___	___
___	___	___
___	___	___

PM

Start	End	Duration
___	___	___
___	___	___
___	___	___
___	___	___
___	___	___
___	___	___

DIAPER

Pee	Poop	Time
○	○	___
○	○	___
○	○	___

Pee	Poop	Time
○	○	___
○	○	___
○	○	___

Activity Notes

Baby's Mood 😁 ☹️ 😌 😐 😠

DATE

FOOD

AM

Time	Food	Amount
___	___	___
___	___	___
___	___	___
___	___	___
___	___	___
___	___	___

PM

Time	Food	Amount
___	___	___
___	___	___
___	___	___
___	___	___
___	___	___
___	___	___

SLEEP

AM

Start	End	Duration
___	___	___
___	___	___
___	___	___
___	___	___
___	___	___
___	___	___

PM

Start	End	Duration
___	___	___
___	___	___
___	___	___
___	___	___
___	___	___
___	___	___

DIAPER

Pee	Poop	Time
○	○	___
○	○	___
○	○	___

Pee	Poop	Time
○	○	___
○	○	___
○	○	___

Activity Notes

Baby's Mood 😁 ☹ 😌 😐 😠   DATE

FOOD

AM

Time	Food	Amount
____	____	_____
____	____	_____
____	____	_____
____	____	_____
____	____	_____
____	____	_____

PM

Time	Food	Amount
____	____	_____
____	____	_____
____	____	_____
____	____	_____
____	____	_____
____	____	_____

SLEEP

AM

Start	End	Duration
____	____	_____
____	____	_____
____	____	_____
____	____	_____
____	____	_____

PM

Start	End	Duration
____	____	_____
____	____	_____
____	____	_____
____	____	_____
____	____	_____

DIAPER

Pee	Poop	Time
○	○	_____
○	○	_____
○	○	_____

Pee	Poop	Time
○	○	_____
○	○	_____
○	○	_____

Activity Notes

Baby's Mood 😁 ☹️ 😌 😐 😠   DATE

FOOD

AM

Time	Food	Amount
___	___	___
___	___	___
___	___	___
___	___	___
___	___	___
___	___	___

PM

Time	Food	Amount
___	___	___
___	___	___
___	___	___
___	___	___
___	___	___
___	___	___

SLEEP

AM

Start	End	Duration
___	___	___
___	___	___
___	___	___
___	___	___
___	___	___
___	___	___

PM

Start	End	Duration
___	___	___
___	___	___
___	___	___
___	___	___
___	___	___
___	___	___

DIAPER

Pee	Poop	Time		Pee	Poop	Time
○	○	___		○	○	___
○	○	___		○	○	___
○	○	___		○	○	___

Activity Notes

Baby's Mood   😁 ☹️ 😌 😐 😠   DATE

FOOD

AM

Time	Food	Amount
____	____	____
____	____	____
____	____	____
____	____	____
____	____	____
____	____	____

PM

Time	Food	Amount
____	____	____
____	____	____
____	____	____
____	____	____
____	____	____
____	____	____

SLEEP

AM

Start	End	Duration
____	____	____
____	____	____
____	____	____
____	____	____
____	____	____
____	____	____

PM

Start	End	Duration
____	____	____
____	____	____
____	____	____
____	____	____
____	____	____
____	____	____

DIAPER

Pee	Poop	Time
○	○	____
○	○	____
○	○	____

Pee	Poop	Time
○	○	____
○	○	____
○	○	____

Activity Notes

Baby's Mood 😁 ☹ 😌 😐 😠   DATE

FOOD

AM
Time	Food	Amount
____	____	_____
____	____	_____
____	____	_____
____	____	_____
____	____	_____

PM
Time	Food	Amount
____	____	_____
____	____	_____
____	____	_____
____	____	_____
____	____	_____

SLEEP

AM
Start	End	Duration
____	____	_____
____	____	_____
____	____	_____
____	____	_____
____	____	_____

PM
Start	End	Duration
____	____	_____
____	____	_____
____	____	_____
____	____	_____
____	____	_____

DIAPER

Pee	Poop	Time		Pee	Poop	Time
○	○	_____		○	○	_____
○	○	_____		○	○	_____
○	○	_____		○	○	_____

Activity Notes

Baby's Mood   😁 ☹️ 😌 😐 😠   DATE

FOOD

AM

Time	Food	Amount
____	____	____
____	____	____
____	____	____
____	____	____
____	____	____

PM

Time	Food	Amount
____	____	____
____	____	____
____	____	____
____	____	____
____	____	____

SLEEP

AM

Start	End	Duration
____	____	____
____	____	____
____	____	____
____	____	____
____	____	____

PM

Start	End	Duration
____	____	____
____	____	____
____	____	____
____	____	____
____	____	____

DIAPER

Pee	Poop	Time		Pee	Poop	Time
○	○	____		○	○	____
○	○	____		○	○	____
○	○	____		○	○	____

Activity Notes

Baby's Mood 😁 ☹️ 😌 😐 😠   DATE

FOOD

AM

Time	Food	Amount
___	___	___
___	___	___
___	___	___
___	___	___
___	___	___

PM

Time	Food	Amount
___	___	___
___	___	___
___	___	___
___	___	___
___	___	___

SLEEP

AM

Start	End	Duration
___	___	___
___	___	___
___	___	___
___	___	___
___	___	___

PM

Start	End	Duration
___	___	___
___	___	___
___	___	___
___	___	___
___	___	___

DIAPER

Pee	Poop	Time
○	○	___
○	○	___
○	○	___

Pee	Poop	Time
○	○	___
○	○	___
○	○	___

Activity Notes

Baby's Mood 😁 ☹ 😌 😐 😠

DATE

FOOD

AM

Time	Food	Amount
___	___	___
___	___	___
___	___	___
___	___	___
___	___	___
___	___	___

PM

Time	Food	Amount
___	___	___
___	___	___
___	___	___
___	___	___
___	___	___
___	___	___

SLEEP

AM

Start	End	Duration
___	___	___
___	___	___
___	___	___
___	___	___
___	___	___

PM

Start	End	Duration
___	___	___
___	___	___
___	___	___
___	___	___
___	___	___

DIAPER

Pee	Poop	Time
○	○	___
○	○	___
○	○	___

Pee	Poop	Time
○	○	___
○	○	___
○	○	___

Activity Notes

Baby's Mood   😁 ☹️ 😌 😐 😠   DATE

FOOD

AM

Time	Food	Amount
____	____	_____
____	____	_____
____	____	_____
____	____	_____
____	____	_____

PM

Time	Food	Amount
____	____	_____
____	____	_____
____	____	_____
____	____	_____
____	____	_____

SLEEP

AM

Start	End	Duration
____	____	_____
____	____	_____
____	____	_____
____	____	_____
____	____	_____

PM

Start	End	Duration
____	____	_____
____	____	_____
____	____	_____
____	____	_____
____	____	_____

DIAPER

Pee	Poop	Time		Pee	Poop	Time
○	○	____		○	○	____
○	○	____		○	○	____
○	○	____		○	○	____

Activity Notes

Baby's Mood 😁 ☹️ 😌 😐 😠

DATE

FOOD

AM

Time	Food	Amount
____	____	____
____	____	____
____	____	____
____	____	____
____	____	____
____	____	____

PM

Time	Food	Amount
____	____	____
____	____	____
____	____	____
____	____	____
____	____	____
____	____	____

SLEEP

AM

Start	End	Duration
____	____	____
____	____	____
____	____	____
____	____	____
____	____	____

PM

Start	End	Duration
____	____	____
____	____	____
____	____	____
____	____	____
____	____	____

DIAPER

Pee	Poop	Time
○	○	____
○	○	____
○	○	____

Pee	Poop	Time
○	○	____
○	○	____
○	○	____

Activity Notes

Baby's Mood 😁 ☹️ 😌 😐 😠 DATE

FOOD

	AM				PM	
Time	Food	Amount		Time	Food	Amount
___	___	___		___	___	___
___	___	___		___	___	___
___	___	___		___	___	___
___	___	___		___	___	___
___	___	___		___	___	___

SLEEP

	AM				PM	
Start	End	Duration		Start	End	Duration
___	___	___		___	___	___
___	___	___		___	___	___
___	___	___		___	___	___
___	___	___		___	___	___
___	___	___		___	___	___

DIAPER

Pee	Poop	Time		Pee	Poop	Time
○	○	___		○	○	___
○	○	___		○	○	___
○	○	___		○	○	___

Activity Notes

Baby's Mood   😁 ☹️ 😌 😐 😠   DATE

FOOD

AM

Time	Food	Amount
____	____	_____
____	____	_____
____	____	_____
____	____	_____
____	____	_____
____	____	_____

PM

Time	Food	Amount
____	____	_____
____	____	_____
____	____	_____
____	____	_____
____	____	_____
____	____	_____

SLEEP

AM

Start	End	Duration
____	____	_____
____	____	_____
____	____	_____
____	____	_____
____	____	_____

PM

Start	End	Duration
____	____	_____
____	____	_____
____	____	_____
____	____	_____
____	____	_____

DIAPER

Pee	Poop	Time
○	○	_____
○	○	_____
○	○	_____

Pee	Poop	Time
○	○	_____
○	○	_____
○	○	_____

Activity Notes

Baby's Mood   😁 ☹ 😌 😐 😠   DATE

FOOD

AM			PM		
Time	Food	Amount	Time	Food	Amount
___	___	___	___	___	___
___	___	___	___	___	___
___	___	___	___	___	___
___	___	___	___	___	___
___	___	___	___	___	___
___	___	___	___	___	___

SLEEP

AM			PM		
Start	End	Duration	Start	End	Duration
___	___	___	___	___	___
___	___	___	___	___	___
___	___	___	___	___	___
___	___	___	___	___	___
___	___	___	___	___	___

DIAPER

Pee	Poop	Time	Pee	Poop	Time
○	○	___	○	○	___
○	○	___	○	○	___
○	○	___	○	○	___

Activity Notes

Baby's Mood 😁 ☹️ 😌 😐 😠 DATE

FOOD

AM

Time	Food	Amount
____	____	____
____	____	____
____	____	____
____	____	____
____	____	____
____	____	____

PM

Time	Food	Amount
____	____	____
____	____	____
____	____	____
____	____	____
____	____	____
____	____	____

SLEEP

AM

Start	End	Duration
____	____	____
____	____	____
____	____	____
____	____	____
____	____	____
____	____	____

PM

Start	End	Duration
____	____	____
____	____	____
____	____	____
____	____	____
____	____	____
____	____	____

DIAPER

Pee	Poop	Time		Pee	Poop	Time
○	○	____		○	○	____
○	○	____		○	○	____
○	○	____		○	○	____

Activity Notes

Baby's Mood 😁 ☹️ 😌 😐 😠   DATE

FOOD

AM

Time	Food	Amount
___	___	___
___	___	___
___	___	___
___	___	___
___	___	___
___	___	___

PM

Time	Food	Amount
___	___	___
___	___	___
___	___	___
___	___	___
___	___	___
___	___	___

SLEEP

AM

Start	End	Duration
___	___	___
___	___	___
___	___	___
___	___	___
___	___	___
___	___	___

PM

Start	End	Duration
___	___	___
___	___	___
___	___	___
___	___	___
___	___	___
___	___	___

DIAPER

Pee	Poop	Time
○	○	___
○	○	___
○	○	___

Pee	Poop	Time
○	○	___
○	○	___
○	○	___

Activity Notes

Baby's Mood 😁 ☹️ 😌 😐 😠   DATE

FOOD

AM

Time	Food	Amount

PM

Time	Food	Amount

SLEEP

AM

Start	End	Duration

PM

Start	End	Duration

DIAPER

Pee	Poop	Time
◯	◯	
◯	◯	
◯	◯	

Pee	Poop	Time
◯	◯	
◯	◯	
◯	◯	

Activity Notes

Baby's Mood 😁 ☹️ 😌 😐 😠   **DATE**

FOOD

AM
Time	Food	Amount
___	___	___
___	___	___
___	___	___
___	___	___
___	___	___

PM
Time	Food	Amount
___	___	___
___	___	___
___	___	___
___	___	___
___	___	___

SLEEP

AM
Start	End	Duration
___	___	___
___	___	___
___	___	___
___	___	___
___	___	___

PM
Start	End	Duration
___	___	___
___	___	___
___	___	___
___	___	___
___	___	___

DIAPER

Pee	Poop	Time		Pee	Poop	Time
○	○	___		○	○	___
○	○	___		○	○	___
○	○	___		○	○	___

Activity Notes

www.ingramcontent.com/pod-product-compliance
Lightning Source LLC
LaVergne TN
LVHW012118070526
838202LV00056B/5773